die Realität ist ein Schreibfehler

Gedichte

Roland E. Herzberg

Die heitere Gelassenheit der Alleen

Widmung

Nicolaus Bornhorn

edition lichtblick, oldenburg

Liebe Traute, lieber Otto,
20. 10. 2012

ich räume gerade im Internet auf (einer muss es ja tun), und da fällt mir auf, dass ich auf eure Botschaft offensichtlich nicht reagiert habe. Vielen Dank für die Wünsche. Bis auf Mutter, Bruder fand die "Feier" "fernmündlich" statt, das heißt Küsschen, Prosten am Telefonhörer. Mir war auch überhaupt nicht nach "geselliger Runde". Ich verspreche, das nächste Mal lasse ich's richtig krachen…
Wir sehen uns ja live demnächst.
Einen schönen Herbstsonntag bei optimaler Gesundheit
Roland

die Realität ist ein Schreibfehler

Roland E. Herzberg

ich atme
das ist selten
meinen Schatten
hell
wie er fällt
auf deinen Strand

kann es sein, daß du kamst
kann es sein, daß du gingst
ich spürte einen Windzug
und hörte die Tür
ich roch deinen Körper
und fühlte das Haar
keine Zeit kein Ort
Liebe ist alles
zwischen Schlafen und Tod

die Wege zu dir
sagen sie
sind bunt
in meiner Pfütze
schwimmt Öl
ein violettes Tuch
flattert im Westwind
ein Kuß überquert
meinen Weg
so rot
er fällt
vor meine Füße

in endlosen Schlaufen
Wirklichkeit suchen
Hunde auf der Jagd
Stimmen von Frauen
Männern
die vor Spiegeln stehen
auf offener Wiese
Stimmen ohne Ausgang
Berührungen
Straßenkreuzungen
Lady Chatterley
steht unentschlossen
vor dem Portrait
des Dorian Gray

ich geh leder
häutig auf dich zu
du sprichst
mit einer Zitrone
dein Hemd
ist offen
ich steige ein

der gerade Blick
der Wunsch nach Aufenthalt
kurze Verbindungen
Nebelschlußleuchten
Kaninchenfallen
Zeitungsnachrichten
ein altes Wort
eine Verspätung
Nacht
ein Ciao
über die Straße
Treibsand
Übelkeit
Kaffeefilter
Reisepläne
Bananensplit
Paris im Rückspiegel
Ausgang
verfahrene Gespräche
mein Arm
Gedankenstrich
ein Tempel für den Sinn

sie ging vorbei
die Stille nahm sie auf
ein Geräusch von
zerknülltem Papier
erschreckte mich
in meinem Hinterhalt
wie vertraut
diese Nacht
in unseren hellen
Händen lag
und das Sternensystem
unsere Augen betrog

Gegenstände
verhalten sich standesgemäß
Schmetterlinge
mit abgewinkelt eingeschraubten Beinen
fliegen sie den Dingen zu
vertrockneten Blumen
meine Trauer
über den sterbenden Ikarus
geh
wirf noch einen Schatten
Wolkenpapier
da fliegen sie
dem Halbton nach
nur eine Wunde hinterlassend
zu Zucker geronnen im Nachteis
geh
Halbtöne suchen
im Schein deines Schattens

nachts treiben
Seelenreste ungeordnet
Fleisch Überhänge
torkelnder Gedanken
durch die Straßen
ein unsauberer Schnitt
in einem Haufen
zertretener Filme
Schaufensterpuppen
grinsen mir zu
Fliesen klappern
zwischen uns
klirren Scheiben
ein paar Augen
rollen über den Platz

die Beine
ich lese sie fuhren zu den Schuhen
sie starren mich an
ich schalte das Abblendlicht an
schalte das Fernlicht an
aus
Hölderlin
das Radio
Zwei zu Null
Das Land ist flach
die Hand
im Handschuh
aus Leder
dreht am Radioknopf
kein Wiederholungsspiel
sie nimmt sich Zeit
für jede Bewegung
leichte Beschleunigung
in der Kurve
Bremsen
an der Tankstelle
beginnt es zu schneien
ausgefallen sind
folgende Spiele
der Stutzen hängt schräg
in der Tanköffnung
sie reicht mir mit zwei
Fingern der linken Hand
einen Geldschein mein Hut
bedeckt ihre Blöße
die Tabellensieger

die einfache Begegnung
sich umdrehen
die Sonnenbrille abnehmen
geblendet für einen Moment
ein Windzug
kreuzt die Linie des Blicks
auf deinen Körper
der Schnittpunkt
verwundet den Moment

gehen wir aus
Geliebte
aus dem Schutz
der Gedanken
im Fell
im Ärmelwind
ein Komma
zwischen uns
im Unterholz
ein Licht
aus Kälte
übersetzt
die Schönheit

ich schreibe dir
von einfachen Dingen
wie Umhüllungen
von dem Begehren
nach Einfachheit
Umhüllungen
einfach abzulegen
sichtbare Klarheit
ich schreibe dir
in Wörtern
diesen unvollständigen
Umhüllungen
meiner Liebe zur Vollkommenheit
ich schreibe dir
von meinem Durst
nach Offenbarung
dir Körper abverlangen
im Schreiben
in der Nacht

es kann
dieser Wind aus Südwest mit seinem Geruch
von Watt nicht irren
sieben Jungfrauen haben sie geopfert
gefesselt und mit einem Stein beschwert
der Flut zu trotzen
sie ertragen alles
was erwartet mich in dieser Fremde
als Ungeduld und Schwermut
es kann
dieser Wind aus Südwest mit seinem Geruch
von Watt nicht irren
am Abend trafen wir uns und opferten
uns und verließen fremd das Land

es gibt nur noch Punkte
Schrauben im Gekröse
der Lavendelspraydose
dein Gesicht aus
dem Katalog geschnitten
aufgetrieben
wo Aufzüge den Weg ebnen
dein Kostenvoranschlag
in Punkten
wie zu hören ist
gehst du den freien Weg
in Aspik
nach Punkten jederzeit
dein Platz im Katalog
ist gut gewählt
der Daumen faßt
beim Umblättern
deine Schenkel

Katzen sterben
Rotwein
trinken die Gäste
bei Kerzenbeleuchtung
auf das Leben
Gedankenstrich
alles ereignet
sich zu früh
ein Kellner wischt
das Blut
durch das Fenster
starren Masken
Kinder singen
tragen Lampions
Katzen sterben
Rotwein
trinken die Gäste

die neonfarbene Nacht
am Deich
hinuntersehen
die Wassertöne
Scham
vor der entblößten Haut
wo des Haar nicht deckt
der Mund bekennt
die Qual
ungewiß
in schweigendem Begehren
das Land
gibt seine Öde preis
unendliche Berührung

die Landschaft meiner Regeln
eine Decke mit Blut
vor das Haus genagelt
eine Musik für Schmetterlinge
ein Fahrplan vor dem Labyrinth
eine Metro zum Mont Blanc
die Nägel eines Gottessohnes
halten die Decke

es ist Mai
und auch das Jahr
hat seinen Namen
ein Käfer mit Krücken
kreuzt meinen Weg
in meinem Kaffee
spiegelt sich
ein ungeduldiger Moment
ich wäre lieber
eine Ode von Horaz
unvergänglich

das flache Land
nimmt uns auf in die Nebel
und die Feuchte
von Wiesen und Moor
wir vergeben dem Wind
und dem Regen der
unsere Kleider durchnäßt
wir vergeben den Toten
die uns die Hoffnung nahmen
der Erinnerung die uns betrügt
wir vergeben allen Geschlechtern
ihre Morde
und auch Gott
daß er unseren Samen schluckt
und die Toten befruchtet
wir spüren unsere Seelen vertrocknen
und uns verlieren in der Kälte
wir vergeben uns liebend
bis zum Horizont
liebend unendlich
mein flaches Land

                              für Brel

Reise mit dem Bruder in die Provence

(Anfang der achtziger Jahre)

Cassis

Cassis

Gorges du Verdon

Grabstätte Albert Camus, Lourmarin

Schloss Lacoste

Der 74jährige André Bouer, ein aus Lacoste stammender pensionierter Englischlehrer, kaufte der Gemeinde 1952 den damals baufälligen Steinhaufen ab. „Es war immer mein Traum gewesen, einmal Besitzer von de Sades Schloß zu sein."

Steinbruch Lacoste

Café de Sade

Fontaine de Vaucluse

Nicolaus Bornhorn

Die heitere Gelassenheit der Alleen

Dem Freund gewidmet

Mit dem Freund ging ich im Park des Schlosses Philippsruh, längs des Mains. Wir ergingen uns. Über uns tauchten im Zwei-Minuten-Takt die Flugzeuge ein in die Flugschneise. Am Ende der Allee: die Gartenlaube. Rosa Sandstein. Der Fluchtpunkt. Wir sprachen im Gehen, gingen sprechend, die Rede im Takt der Schritte. Sprachen wir über Bernhard? Wenn wir es nicht taten, hätte es doch gepaßt. Oft sprachen wir über ihn, er, der Verteidiger, ich, der Verneiner des Unmuts. Denn das Gehen ist zwar, wie das Schreiben, Musik, aber muß es deshalb auch klagend sein? So setzte ich der Auslöschung die Heiterkeit entgegen. Wenn schon untergehen, dann in Heiterkeit. "Allez!", eine Aufforderung, oder auch "Allez?", Ausdruck des Staunens. - Auslöser also, und nicht Auslöscher.

Die Blätter der Kastanien, einander gleichend, und doch nicht gleich, und die Reihung, die Ausrichtung der Bäume in Perspektive - brachten uns auf Platons Ideen, und zur "Erfindung" der Perspektive in der Renaissance. Die Allee ein Tunnel, runde Formen, der Muttermund, sagte der Freund. Doch seltsamerweise weckt sie keine Fluchtgedanken, keine Erstickungsängste, ihre heitere Wirkung muß mit der Ausstrahlung der Bäume zusammenhängen. Aufgehobenheit, im Mutterschoß. Wollen wir den Tempel am Ende des

Hohlwegs überhaupt erreichen? Immer noch strichen die Maschinen über uns hinweg. Der Freund war schon weiter, sprach nun von dem Baum als Ding, als Naturding, das einfach nur sei. Doch sei er auch Zeug, gesetzt zum plaisir der Lustwandelnden. Und endlich auch Werk, Kunst, beschnitten, geformt, Teil des französischen Parks. Warum konnten nicht Männer mit Melonen und aufgespannten Regenschirmen die Flugschneise entlang schweben? Sie zumindest wären geräuschlos.

Die Palme neben dem Mausoleum auf dem cimetière St. Pierre steht einzeln, sagte ich, sie macht das Gebäude zur Moschee. Von dort oben ist das Rauschen auf der Autobahn unten nur noch ein Rauschen. Blätterrauschen, Wellenrauschen, Rausch. Aber entlang der Küstenstraße zwischen La Ciotat und Les Lecques stehen die Palmen dann wieder ausgerichtet. Im Vorbeifahren, aus dem offenen Fenster, sind sie zum Greifen nah. Unregelmäßig dagegen stehen sie auf der Grünfläche am Eingang des Tunnels Carenage. Dort sind wir dann definitiv in Nordafrika angelangt; hierher gehört auch der Blick vom Hügel oberhalb von St. Tropez. Der Blick auf die roten Dächer, weißen Mauern, mit den Palmwedeln dazwischen, ist schon ein Ausblick auf Nordafrika, jenes Nordafrika Mackes. Innenraum mit Palme und Brunnen, auf der Holzveranda der ersten Etage eine Hängematte. Das

Zimmer leer, nur Erinnerungen darin, schubweise. Eine Stimme im Off beschwört sie. Die Kamera tastet die Wände ab.

Ich betrat den Innenhof, Schreie der Lust hatten meine Aufmerksamkeit erregt, irgendwo mußte ein Fenster offen stehen. Heiterkeit ist der Zustand der Wachheit, wenn das Fieber ausklingt, und das nächste noch nicht eingesetzt hat. Ich wollte den Schreien der Lust nachgehen, aber ein Wächter versperrte mir den Weg.

la première répétition est celle de l'amour physique, celle qui nous fait naître. mais ce n'est pas une répétition mécanique, idéale, elle varie et, en plus, il y a crescendo, vers l'orgasme, et la chute.(l) la répétition mécanique, toujours pareille a elle-même, est celle de la machine. mais la machine n'est ni morte ni vivante, elle n'entre pas dans ces catégories-là. elle est synthèse d'une matière inorganique, et d'une pensée. ce qu'il y a de vivant en elle, c'est de la pensee.(2)

Alle Sprachspiele, sagte der Freund, ob jene Wittgensteins, Heideggers oder anderer, haben immer nur von innen gegen die Sprachwand geklopft. Wir dagegen, erwiderte ich (es war ja keine Erwiderung, eine Ergänzung vielmehr), wir dagegen kennen die Auslöschung, Auflösung, Vervielfältigung, Aufhebung (des Ich im größeren Bunde). Die Spiritualität ist ein Luxus, den sich nur wenige leisten können, entgegnete er. Aber man kann auch nicht, sagte ich, aus Liebe zu den Unterdrückten sich zu Tode hungern, wie Simone Weil es tat. Das ergibt keinen Sinn - jedes Tätig-Sein ist da besser. Aber wer mißt sich an zu richten, wer darf's? Auch Denken ist noch Handeln (wer sagte das?), ein Suchen nach Erklärung der Welt. Und endlich: Gedankenloses Tun, das nicht mehr nach Erklärungen sucht, ist deshalb nicht schon orientierungslos.

...der Freund sprach von seiner Kindheit, unserer Kindheit, der gemeinsamen. Geschichte ist immer eine der Generationen, keiner versteht dich wie Gleichaltrige ...Erinnerungen, bestimmte, wichtige

Erinnerungen - das erste Hören einer Beatles-Platte, die ersten Schritte der Tanzstunde - werden gemeinsam umgeformt, einer neuen Gegenwart eingepaßt, einverleibt, aber sie sind noch da, wenn auch umgeformt. Für andere Generationen sind sie nur in Medien existent (dazu gehört natürlich auch unsere Rede). Wir müssen zurück, antwortete der Freund, l'épreuve de la réalite, die Wirklichkeitsprüfung. Wie geschieht sie? Wir wissen zuviel, haben schon - mit Hilfe der Drogen? – alles verstanden, bevor es philosophisch aktuell war.

Auf den von Piniennadeln übersäten Steinstufen sitzend, neben der Palme des Mausoleums, bin ich im Park in Philippsruh. Wir schreiten dort immer noch die Alleen ab und suchen nach einer Form: wird sie zyklisch sein, zum Ausgangspunkt zurückführen (den es also nicht gibt)? Oder stoßen die Alleen im Winkel von 90° aufeinander, das Quadrat, das nicht in den Kreis überführbar ist. So tun sie's nämlich hier, auf dem cimetière St. Pierre. Die Alleen sind fein säuberlich nach Planquadraten, Himmelsrichtung, Baumsorten benannt. Es gibt aber auch einen "Garten der Stille" (Jardin du silence). Und wenn ein Sarg vorüber fährt, im Innern einer blitzenden Karosse ...ja, was empfinden wir dann? Hypertrophierte Gliedmaßen, entstellt, verschönte Gesichter, Photographien, im schönsten Lebensabschnitt aufgenommen. Die Rückkehr zu den Bäumen ist ja keine Flucht vor dem Virtuellen, diese Erdung ist eher sein Komplement, sehr wahrscheinlich geht sie aber darüber hinaus, weil die Intensität der Realitätserfahrung eine größere ist. Ich ziehe es vor, an Elfen, Gnome und Engel zu glauben (mir so erst die Möglichkeit gebend, sie zu erfahren) als an eine parzellierte, zerstückelte Identität.

Die Erfahrung, daß nach dem Betrachten eines Films die Stadt Dekor ist, können wir verallgemeinern, ausweiten. Dies führt - wie in der Physik - zu einer Relativierung der Erfahrungen, der Erfahrensweisen. Sie beziehen sich aufeinander, und man muß den Code (die Formel) lernen, welche die eine in die andere übersetzt. Gibt es dabei noch Konstanten (wie die Lichtgeschwindigkeit in der Physik)?

Ich habe mich lange nicht um die Namen der Bäume gekümmert. Erst wenn sie im Innern eines Textes oder Kontextes auftauchten - dieser Feigenbaum hier, Anfang Dezember, mit seinen an der Friedhofsmauer geschrumpelten Blättern, deren Unterflächen von der gleichen, wenn auch subtileren, sanfteren Rauheit sind wie jene von abgeschliffenen Muscheln durchsetzten Oberflächen der Grabsteine; oder der Unterschied zwischen Kastanie (marronier) und Eßkastanie (châtaignier), der erst wichtig wurde, als ich den ersten châtaignier zu Gesicht bekam, auf dem

Weg zwischen Signes und Fréjus - wurde das Bedürfnis nach Namen plötzlich evident.

...erinnerst du dich, fragte er mich, an unsere Gänge um den See (natürlich erinnerte ich mich). Es gibt da ja diese vier Anlegestellen für Schiffe, die mit den vier Himmelsrichtungen übereinstimmen. Jeder Anleger geht auf den offenen Raum des Meeres hinaus (so nennt man den See bei uns, man liebt das Untertreiben): jenseits jeweils die Dreiteilung Wasser - Waldlinie - Himmel. Einmal bin ich hinausgerudert, dorthin, wo die imaginären Linien sich schneiden, wenn man den Nord- mit dem Süd-, den West- mit dem Ostanleger verbindet, und habe ein Senkblei hinuntergelassen, wohl in der Ansicht, dort müsse die tiefste Stelle sein. Es versank in einer Schlammschicht von mehreren Metern Dicke.

Zwischen dem westlichen und nördlichen Anleger, hakte ich ein, liegt das Hospital, in dem ich meinen Vater zum letzten Mal sah. Vom Wasser aus gesehen führt eine Birkenallee auf das Gebäude zu, auf dessen Dach, weithin sichtbar, ein rotes Kreuz auf weißem Kreis gemalt ist. Später machte ich dort, bei der Auskurierung eines Armbruchs, mit Blick auf diese Allee, Beuge- und Streckübungen. Anfangs war die Fluchtperspektive der weißen Stämme, die mich immer an die Weite russischer Ebenen erinnern, nur ein Sym-

bol für den Fortgang des Vaters. Der andere Tunnel, durch den man den Leib der Welt verläßt. Doch die Zeiten, und die Jahreszeiten, überlagerten sich. Das helle durchscheinende Grün der ersten Birkenblätter kam hinzu. Im Übrigen wurzelt auch die Lotosblume im Schlamm.

l'espace des arbres, la forêt, c'est l'espace sacré (l'ancienne mémoire des grands forêts hante l'inconscient collectif), une toute autre "vibration". Alle Beengung weicht, le cerveau surchauffé par les circuits électroniques se calme, se refroidit. le citadin fuit la ville-prison pour quelques heures, pour s`aérer l`esprit dans le décor de la nature. le paysan laboure, die Erdklumpen kleben an seinen Stiefeln.

Aucune illusion sur les deux modes de vivre. Ni le flâneur de Baudelaire, ni le paysan de Heidegger ne sont la solution.(3)

Deine Liebe zu den Bäumen wird dich noch zum Misanthropen machen, sagte der Freund. Sie vermögen nichts gegen die Einsamkeit, antwortete ich.

(Übersetzung der französischen Passagen:)

(1)
Die erste Wiederholung ist jene der körperlichen Liebe, jene, die uns hervorbringt. Aber es ist keine mechanische, ideale Wiederholung, sie variiert; zudem gibt es das Crescendo hin zum Orgasmus, und den Fall.

(2)
Die mechanische Wiederholung, die sich stets gleich bleibt, ist jene der Maschine. Aber die Maschine ist weder tot noch lebendig, sie gehört nicht in diese Kategorien. Sie ist Synthese aus inorganischer Materie und Denken. Was in ihr lebendig ist, ist Denken.

(3)
Der Raum der Bäume, der Wald, ist heiliger Raum (die uralte Erinnerung an den Großen Wald sucht das kollektive Unbewußte heim), eine gänzlich andere "Schwingung". Alle Beengung weicht, das von elektronischen Schaltkreisen überhitzte Hirn beruhigt sich, kühlt ab. Der Städter flieht das Gefängnis Stadt für einige Stunden, um den Kopf im Dekor der Natur durchzulüften. Der Bauer pflügt die Erde, die Erdklumpen kleben an seinen Stiefeln. Keine Illusionen bitte, was die beiden Lebensweisen betrifft. Weder der Flaneur Baudelaires noch der Bauer Heideggers sind die Lösung.

© Roland Herzberg/ Nicolaus Bornhorn 2014 / edition lichtblick
Herstellung und Verlag: BoD - Books on Demand, Norderstedt
Erste Auflage 2014

Alle Rechte vorbehalten, insbesondere das der Übersetzung, des öffentlichen Vortrags sowie der Übertragung durch Rundfunk und Fernsehen, auch einzelner Teile. Kein Teil des Werkes darf in irgendeiner Form (durch Fotografie, Mikrofilm oder andere Verfahren) ohne schriftliche Genehmigung des Verlages reproduziert oder unter Verwendung elektronischer Systeme verarbeitet, vervielfältigt oder verbreitet werden.

Fotografie: Nicolaus Bornhorn
Umschlaggestaltung:
Layout: Nicolaus Bornhorn/Michael Schildmann
Die Deutsche Nationalbibliothek verzeichnet diese Publikation in der Deutschen Nationalbibliografie; detaillierte bibliografische Daten sind im Internet über dnb.d-nb.de abrufbar.

ISBN 978-3735782793   www.edition-lichtblick.de

Vom gleichen Autor in der „edition-lichtblick oldenburg":

Liebermanns Atelier oder Die Verdoppelung der Bilder
von Nicolaus Bornhorn,
...auf der Terrasse mit Blick auf den Garten und See fand ich jene Perspektive der Birkenallee wieder, die mir schon von Gemälden her bekannt war. Im erhaltenen Atelier des Künstlers im ersten Stock stand eine Staffelei und darauf ein Gemälde, welches das Innere eben dieses Ateliers wiedergab. In diesem gemalten Atelier befand sich eine Staffelei, auf welcher sich ein Gemälde befand, das... In jenem Augenblick wurde der Keim gelegt für die künftige Ausstellung.
Paperback, 40 Seiten, ISBN 978-3-8482-5418-7

Skizzen zu un-bedeutenden Landschaften -
   Esquisses pour des paysages in-signifiants
von Nicolaus Bornhorn
Es ist, genauer betrachtet, der innere Raum, der über das Schicksal des Wahrgenommenen entscheidet. In jenen kostbaren, im Flug ergriffenen Augenblicken, wenn man plötzlich "sieht", wenn die lange Bemühung des Mantra sich zur Vision gewandelt hat, wird der Same des künftigen Textes gesät.
Paperback, 108 Seiten, ISBN 978-3-7322-8977-6

Weitere Bücher aus dem Verlag „edition lichtblick"

Pilgern auf dem Olavsweg durch Schweden von Michael Schildmann
Mit einem Vorwort der dänischen Pilgerpastorin Elisabeth Lidell.

In diesem dritten Buch über seine Pilgerreisen erzählt Michael Schildmann von den menschlichen Begegnungen auf dem St. Olofsleden und seinem Weg durch die schwedischen und norwegischen Wälder. Der St.Olofsleden beginnt in Selånger am Bottnischen Meerbusen in Schweden und führt über Östersund und Stiklestad zum Nidarosdom im heutigen Trondheim. Michael Schildman pilgerte bereits auf dem Jakobsweg in Spanien, Portugal und Dänemark. Auch auf dem Olavsweg war er bereits 2010 unterwegs. Dieser „schwedische" Pilgerweg, der St.Olofsleden, folgt direkt den Spuren des heiligen Olav, bis zum Ort der Schlacht von Stiklestad, in der Olav den Tod fand, und führt dann weiter bis zum Dom von Nidaros. Zahlreiche farbige Abbildungen und Wegskizzen.
Paperback, 172 Seiten, ISBN 978-3-7322-8953-0

Pilgern auf dem Olavsweg - ein Pilgertagebuch
von Michael Schildmann
Mit einen Vorwort von Pilgerpastor Bernd Lohse, St. Jacobi, Hamburg

Nidaros, das Jerusalem des Nordens, war über Jahrhunderte ein sehr wichtiges Pilgerziel - bis zur Reformation. Seit einigen Jahren pilgern wieder Menschen zum Nidarosdom im heutigen Trondheim. Michael Schildmann pilgerte bereits auf dem Jakobsweg vom Somport-Pass nach Santiago de Compostela. Hier beschreibt er seine Erlebnisse auf seinem ersten Olavsweg: 650 km in 35 Tagen. Es entstand ein nachdenkliches Tagebuch und ein besonderer, vorbereitender Führer. **Zahlreiche farbige Abbildungen.**
Paperback, 204 Seiten, ISBN 978-3-8423-8485-9

Tag für Tag - 45 Tage auf dem Jakobsweg (Neuauflage 2011)
von Michael Schildmann
Ein 'meditatives' Photobuch, das 70 Fotos enthält und so den Weg des Autors nachzeichnet - vom Somport-Paß über St. Maria de Eunate, Burgos, Leon bis Santiago de Compostela und darüber hinaus nach Muxia am Atlantik. Die Ausgabe 2011 wurde ergänzt durch Predigttexte aus dem Forum St. Peter und durch Texte aus dem Adventskalender im Pius-Hospital Oldenburg. **Zahlreiche farbige Abbildungen.**
Paperback, 118 Seiten, ISBN 978-3-8370-7085-9

Otto Blanck - ein Wilhelmshavener Landschaftsmaler und Ausgrabungszeichner, von R. und M.Schildmann
Der Künstler Otto Blanck wurde am 4. März 1912 im damaligen Rüstringen, jetzt Wilhelmshaven, als Sohn eines Schiffszimmermanns geboren. Sein weiterer Lebensweg führte ihn, der u.a. als Ausgrabungszeichner der Provinzstelle für Marschen- und Wurtenforschung gearbeitet hatte, heraus aus Wilhelmshaven. Nach der Kriegsgefangenschaft in Tunesien und Frankreich ließ er sich als Malermeister in Oldenburg nieder. Als langjähriges Mitglied des bbk starb Otto Blanck in Oldenburg im Jahre 1982. **Zahlreiche farbige Abbildungen.**
Paperback, 72 Seiten, ISBN 978-3-8391-2404-8

„ZART-BITTER" von Ines Janssen und Michael Schildmann
'Verlorene Geschichten' des 'Kultur am Ems-Delta e.V.'. Das Projekt beschäftigt sich mit Geschichten und Ereignissen, die verloren, vergessen, zerstört oder versunken sind. ZART-BITTER erzählt die Geschichte eines Menschen, der seine eigene Geschichte verloren hatte. Oft zu schmerzhaft, zu kräftezehrend, verloren, um das eigene Überleben zu sichern. Bruchstückhaft kehren diese Geschichten zurück ins Bewusstsein, suchen und finden Ausdruck in kurzen Texten. Fotografien begleiten diesen Weg, spüren diesen Texten nach, erfühlen ihn und gewähren dem Betrachter eine zweite Perspektive.
Paperback, 76 Seiten, ISBN 978-3-8391-2495-6